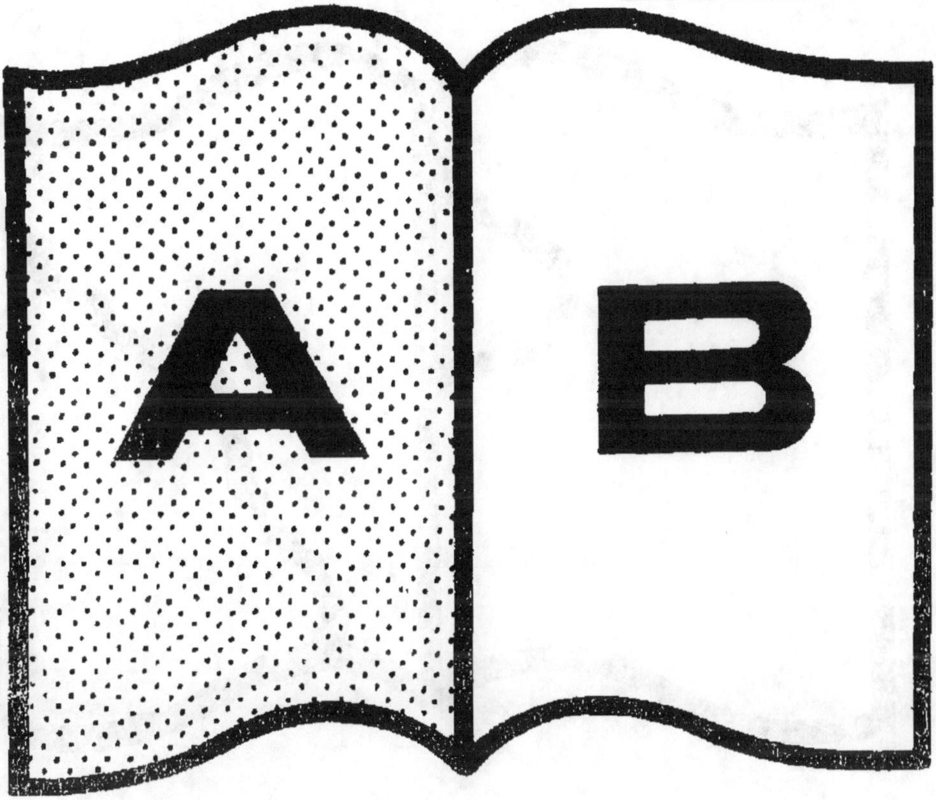

Contraste insuffisant

NF Z 43-120-14

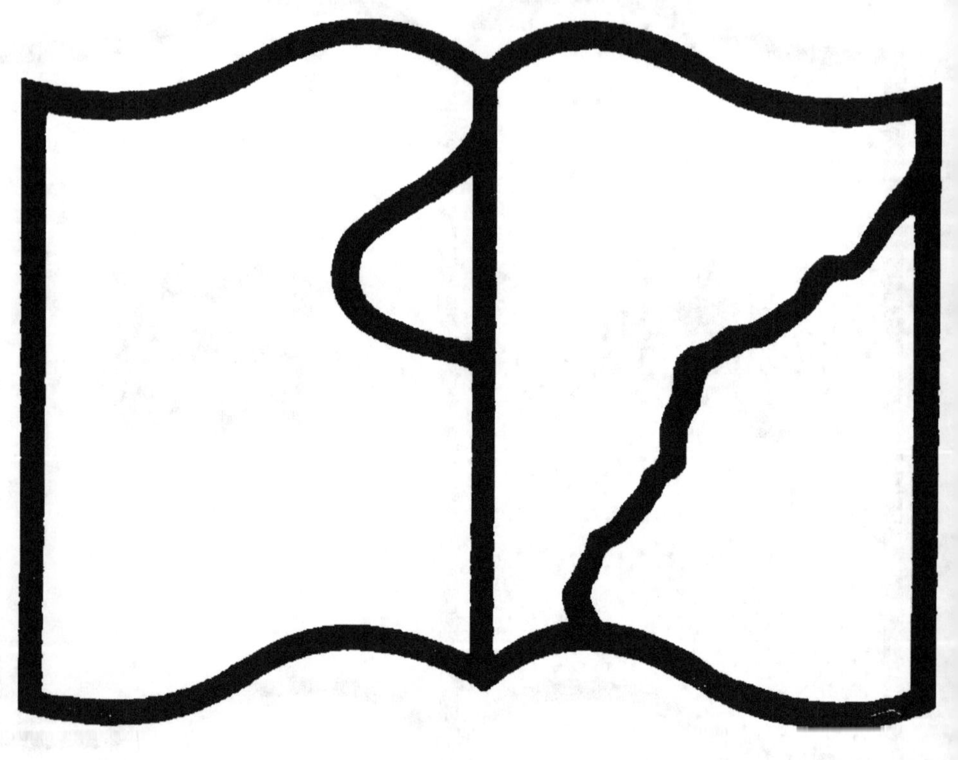

Texte détérioré — reliure défectueuse

NF Z 43-120-11

VOYAGE

DE

MADAME

ET DE

MADAME

VICTOIRE.

A LUNÉVILLE,

Chez MESSUY, Imprimeur du Roi.

AVEC PERMISSION.

A MADAME

ET A

MADAME VICTOIRE.

MESDAMES,

Si le zéle le plus pur & le plus empressé peut être un titre auprès de vous, j'ôse espérer qu'il fera excuser la témérité que j'ai de vous présenter une production qui demandoit un génie d'un vol bien supérieur au mien.

Tous vos jours sont marqués par de

si grandes preuves de bonté ; qu'en faveur du motif qui m'a fait écrire, j'aurai peut-être part à votre indulgence ; j'ôse la reclamer & vous assurer qu'aucun Français n'est avec un attachement plus inviolable, & un respect plus profond ,

MESDAMES,

Votre très-humble
& très-obéissant
Serviteur.
De SAUVIGNY,
Garde du Roi de Pologne.

VOYAGE

DE

MADAME

ET DE

MADAME VICTOIRE.

Q Ue m'importe, hélas! que l'amour
» Et que sa séduisante mere,
» Ayent quitté Paphos & Cithére,
» Pour fixer près de moi leur Cour;
» Que le fier Dieu de la victoire,
» Et que les filles de mémoire,
» En dépit du Tibre orgueilleux,
» Ayent rendu mes bords si fameux.

» Si deux Princesses qui en sont le principal
» ornement me quittent; Et pour qui? Pour

,, un ruisselet qu'un faune par pitié fit sortir
,, de dessous la terre, & qu'un enfant d'Es-
,, culape a fait connoître en lui envoyant des
,, malades, qu'il a eû la conscience de ne pas
,, vouloir tuer lui-même ; voilà cependant,
,, voilà la rivalle qu'on me préfére ! Une pe-
,, tite Nymphe vilageoise, qui pour se donner
,, un nom dans le monde, fait le métier d'un
,, Charlatan. On m'abandonne. On me fuit.
,, On fait cent lieuës pour l'aller trouver. Quel-
,, le gloire pour elle ! Quel affront pour un
,, Fleuve comme moi !

Ainsi parloit la Seine. Le son de sa voix
avoit quelque chose de si touchant que les Nymphes qui étoient autour d'elle en étoient péné-
trées. Son onde même en paroissoit émuë. La
Déesse étoit couchée négligemment sur un lit
de mousse, le coude appuyé sur son urne, un
feu vif & brillant sortoit de ses paupiéres hu-
mides.

On avoit beau lui dire pour la consoler que
les Princesses qui la quittoient reviendroient
bien-tôt, & qu'elles n'alloient à Plombiére que

parce que les eaux en font minérales.

„ Sont-elles plus minérales que les miennes,
„ répond-elle en s'animant ; eſt-il un buveur
„ d'eau en France qui ne connoiſſe Paſſy, Forge
„ & St. Paul ? . . . Hélas ! pourſuit-elle après
„ un moment de refléxion, il en eſt, je le vois
„ bien, des eaux comme des pélérinages, plus
„ ceux-ci font éloignés plus on y a de foi.

Mais faites-vous attention, lui dit une
Nymphe qui étoit ſa favorite, que Meſdames
verront ſur leur route leur grand Papa,
& que la joye ſeule de le voir, doit produire
plus d'effet que toutes les eaux minérales en-
ſemble.

. A ce mot de grand Papa, le front de la
Déeſſe ſe dérida, ſon teint s'anima, & le doux
ſourire s'avança juſques ſur le bord de ſes lé-
vres.

„ Elles veulent partir ces Princeſſes cruelles ;
„ Eh bien, ſoit, lui répond la Seine en ſoupirant;
   „ Mais que ce Roi que j'aime tant,
   „ A leur retour vienne avec elles.

Cependant des courſiers rapides traînent leur

char. Marly difparoît. La terre semble fuir loin d'elles.

> Une Cour jeune & brillante,
> Suit un couple fi charmant,
> La gayeté vive & piquante,
> Voyoit fuir en fouriant
> La gravité pointilleufe,
> Dont la morgue dédaigneufe,
> Etouffe le fentiment,
> Le plaifir & l'enjoument.

La liberté & la décence font du voyage. Charmées de fe trouver enfemble, elles fe tiennent par la main, & leur union eft fi bien cimentée, qu'elles donnent également le ton par tout. M^e. la D^e. de Beauvillier, M^e. la M^e. de Durfort, M^e. la M^e. de Narbonne ; M^e. la M^e. de Brancas, M^e. la D^e. de Briffac, M^e. la C^e. de Caftellane forment cette Cour aimable & brillante. Figurez-vous voir la Cour de Venus & celle de Diane réunies ; les graces n'y font cependant point, mais M^e. la C^e. de Civerac qui les vaut bien, & les autres Dames que j'ai déja nommées, font à leur place auprès des Princef-fes.

la

 La nature complaifante,
 S'embellit en les voyant,
 Par tout elle leur préfente,
 Le tableau le plus riant.
 L'aftre heureux qui les éclaire,
 Pare le Ciel pour leur plaire,
 De fes plus vives couleurs.
 Déja chantent les neuf fœurs,
 Sur leurs lyres immortelles,
 Ces beaux noms du tems vainqueurs.
 Amour marche au-devant d'elles,
 Et leur foumet tous les cœurs.

Cet amour, dont je parle, eft le frere ainé de celui qu'Ovide & Bernard ont fi bien chanté. Il a mis tout en mouvement par tout où doivent paffer les Princeffes. On n'entend de tous côtés que des cris de joye. On ne voit que des préparatifs de Fête. C'eft lui qui affemble les habitans des villes & des campagnes. Il fait prendre les armes aux uns. Il couronne les autres de fleurs. Là il s'enfonce dans le cabinet du grave Magiftrat pour rêver à une harangue. Ici de jeunes Bergers, à l'ombre des hêtres, danfent en rond au fon de leurs voix avec leurs jeunes amantes ;

c'eſt lui qui les excire ; c'eſt lui qui leur fa
répéter dans des chanſons naïves les noms cheri
d'ADELAIDE & de VICTOIRE. Plus loin
s'inſinuë parmi leurs Vieillards, qui le verre
la main ſe conſultent entre eux ſur ce qu'il
doivent faire. Il leur peint la bonté des Prin
ceſſes ; il augmente leur confiance, & leu
inſpire le deſſein de dire tout ce que le cœu
leur dictera. En un mot le pouvoir qu'il a ſu
ces peuples eſt ſi grand, qu'on diroit qu'ils n'on
tous qu'une ame, & que c'eſt lui ſeul qui l
fait agir.

Une foule innombrable des cantons voiſin
de Germigny, conduit Meſdames comme e
Triomphe.

La Nobleſſe des environs de la Ferté-ſous
Jouare les accompagne, le Curé leur fai
préſenter des couplets par ſes plus jolies Par
roiſſiennes. Les vers ſuivants feront juger d
reſte de la chanſon.

C'eſt le Curé qui parle de lui-même.

> En quoi ſur tout il excelle,
> C'eſt en amour pour ſon Roi.
> Nous l'avons pris pour modéle.
> Son exemple eſt notre loi.

Par tout Mesdames, s'arrêtent, pour répondre aux empressemens qu'on leur témoigne. Par tout leurs mains libérales versent les bien-faits... Qu'elles ont de grace à faire des heureux !.. il ne faut que les voir pour l'être. On entend de tous côtés des hommes & des femmes, qui, dans l'yvresse de leur joie, ne peuvent se rassasier du plaisir de les voir. Le Vieillard courbé sous le fardeau des années hâte ses pas tremblans ... la vuë de ces Princesses le rajeunit. Du plus loin qu'il les apperçoit son cœur tressaille. Un feu nouveau brille dans ses yeux. Il les montre du doigt à ses petits Enfans qui se pressent autour de lui. les voyez-vous, dit-il, en versant des larmes de joye, les voyez-vous..... avec qu'elle bonté Elles reçoivent le peuple ... ou sont les Dames de nos cantons ?.. quelle affabilité !. quelle douceur !.. c'est le Sang de nos Rois ... qui ne donneroit sa vie pour Elles..?

C'est à ce portrait si touchant & si vrai que l'on reconnoit bien le Français. Volage dans toutes ses differentes affections, il n'est constant que dans son amour pour ses Souverains.

Le Français dans ses goûts aussi vif que frivole,
plus séduisant que tendre, aussi changeant qu'Éole,
Est un Cameleon qui n'a d'autres couleurs,
Que celles qu'il reçoit du Soleil & des fleurs.
C'est plutôt le plaisir, que l'amour qui l'enflame,
Souvent il lui fait rendre hommage à la beauté ;
Mais bientôt il s'envole avec la nouveauté,
Et sous une autre forme, il rentre dans son ame.
Comment se peut-il donc, que son volage cœur,
Ait toujours pour ses Rois conservé sa tendresse ?
C'est qu'il ne connoit rien de si cher que l'honneur,
Et qu'il aime encor mieux son Roi que sa maitresse,

Après le tableau de l'amour du sujet pour le Sang Royal ; il s'en présente un qui n'est pas moins touchant de l'amour d'un Pere pour ses Enfans, & des Enfans pour leur Pere.

Ce Pere est un Roi que le Ciel a fait naître pour l'honneur de l'humanité. Il embellit tout ce qu'il touche, & rend heureux tout ce qui l'approche. Il pense comme Socrate, & vit comme Titus. C'est son Amour pour l'humanité qui lui a mérité le nom de Sage, titre plus flatteur pour lui que celui de Roi.

L'avarice & la crainte ont produit les tirans,
Ont enchaîné nos mains, ont dicté nos hommages,
L'honneur fait les Héros, l'intérêt les brigands,

La vanité les grands,
L'humanité les Sages.

Que l'indigne Thamas-aussi cruel que vain,
Pour grossir de ses faits les fastes de l'histoire,
Eleve sans fremir un Trophée à sa gloire,

Sur les débris du genre humain.

Ce Héros bien-faisant avec moins d'étalage,
Fait au sein de la paix briller à nos regards,
Les talens du grand homme, & les vertus du sage,
En éclairant le monde, il protége, en courage

Et les malheureux & les Arts.

Leurs noms iront sans doute à la race future;
Mais quand on les lira, que dira-ton un jour?
Thamas fut autre fois l'horreur de la nature,

Et Staniflas en fut l'amour.

On avoit déja passé Chateau-Thierry, Cha-
lons & Vitry-le-François.

Ce Roi si humain, ce Pere si tendre, qui
attendoit ses petites Filles depuis long-tems
vole au-devant d'Elles, quatre heures plutôt
qu'elles ne doivent arriver.

> Dans un bois délicieux,
> Il est une source pure,
> Où ce Prince industrieux,
> D'accord avec la nature,
> A fait un réduit charmant;
> Ce réduit sombre & tranquile,
> Ne paroit être l'azile,
> Que d'un sage ou d'un amant.

C'est dans cette retraite douce & paisible, qu'après avoir embelli la Lorraine par des édifices dont lui-même a tracé les plans, & avoir montré la vérité aux hommes dans ses écrits, il est venu souvent se délasser de ses glorieux travaux.

C'est là que ce bon Prince va les attendre. Il n'y a que son amour pour elles, qui puisse égaler l'impatience qu'il a de les voir. Son cœur est dans une agitation vive, & presque douloureuse. Ses yeux sont toujours fixés vers la route qui doit les lui faire voir. Chaque personne qui arrive excite sa curiosité & redouble son impatience.

Monsieur le Maréchal de Berchény, étoit allé annoncer aux Princesses, que Sa Majesté les attendoit à la Fontaine-Royale.

Enfin on lui vient dire qu'on les découvre de

loin. C'est alors que la nature se fait sentir plus fortement. Ses entrailles sont violemment émuës. Son cœur ne peut suffire à ses transports. Sa voix ne peut s'ouvrir un passage. Quelques larmes délicieuses échapent de ses yeux & le soulagent.

Les Princesses sont dans une agitation, qui n'est pas moindre que la sienne. On diroit que leur char fend les airs.

O vous, cœurs durs & féroces, chez qui la voix du sang ne se fait pas entendre, accourez. Voyez deux jeunes Princesses, à la vuë d'un pere qu'elles idolâtrent, franchir d'un pied léger l'intervalle qui les sépare de lui, s'élancer, le presser dans leurs bras, & le couvrir des plus tendres baisers pour le rappeller à la vie, que l'extase dans lequel il est, semble lui avoir fait perdre. Voyez un peuple entier fondre en larmes à la vuë d'un spectacle si touchant, & avouez que les ames sensibles éprouvent des plaisirs dont vous n'étes pas dignes.

Commercy est une petite ville, où les Princes de la Maison de Lorraine venoient passer la

belle faifon. Le Roi a beaucoup embelli les de-
hors du château, au lieu des vaftes marais
dont il étoit environné, on découvre un très-
beau canal bordé des deux côtés d'une longue allée d'arbres, au bout de laquelle s'élève
un pavillon auffi élégant que fuperbe. On y
voit une grande quantité de colonnes que l'eau
forme en s'élançant dans les airs ; au-deffus,
font des jardins fufpendus, qu'on ne peut mieux
comparer qu'à ceux de Sémiramis.

C'eft là, que les Princeffes furent le lendemain
fouper, des luftres placés entre chaque arbre,
le pavillon illuminé avec un art infini, frap-
poient les yeux de l'éclat le plus éblouiffant.

Le foupé fini, un des Gardes de Sa Majefté
donna un feu d'artifice, dont les Princeffes pa-
rurent fatisfaites ; après quoi elles retournérent
au château, qu'elles trouvérent également illuminé.

Le jour fuivant, on partit pour aller dans la
Capitale des Etats de Sa Majefté, ce n'eft point
une ville riche des dépouilles des nations, ou
de leur fol amour pour le luxe.

Par

Par les mains du Dieu Mars quand Rome couronnée
Offusquoit l'Univers de son faste orgueilleux,
Elle pressoit les flancs de la terre étonnée,
    Sous cent colosses monstrueux.

Ici une simplicité noble & majestueuse, tient la place du faste. Il semble que l'art n'ait fait qu'aider la nature, tant les édifices y ont de grace & d'élégance. Une place qui est un chef-d'œuvre de goût & de délicatesse, en fait le principal ornement. Il est impossible de la voir, sans éprouver une sorte d'émotion. Si Minerve & Apollon ont élevé les murs d'Athénes, c'est sans doute au Maître des Dieux & à la Déesse des graces, que la place de Nancy doit son origine.

L'Artillerie & les Fanfares annoncérent l'arrivée des Dames de France, des troupes d'Amazones & de jeunes gens armes, étoient allées au-devant d'Elles.

Le Génie qui préside à la Lorraine, conduit par l'amour, marche à leur tête. Il rencontre le génie de la France. Celui-ci le félicite sur ce qu'il l'a pris d'abord pour un Français. ,, Vous ne vous étiez pas trompé. Je le suis ;

C

„ je fais gloire de l'être, lui répond le Lorrain.

„ Je l'ay bien prouvé dans toutes les occasions,
„ depuis que j'ai le bonheur de vivre sous les
„ loix d'un Prince qui a fait tant de choses
„ pour moy.

Alors il s'étendit beaucoup sur les beaux établissemens que Stanislas à fait en Lorraine, sur la protection qu'il accorde aux Arts, sur les qualités de son cœur, sur l'étenduë & l'activité de son génie. Enfin il répéta ce que l'Europe entiére ne cesse de publier tous les jours à la gloire de ce Monarque.

De grandes ruës, tirées au cordeau, superbement illuminées, des Pyramides de fleurs, des dévises ingénieuses distribuées avec goût sur le passage des Princesses, de belles femmes à toutes les fenêtres, le feu de leurs Diamans, l'éclat de leur parure, voilà le tableau qui se présente à l'arrivée des Dames de France à Nancy.

Les différens Ordres des Citoyens rangés sur la place, attendoient les Princesses auprès de la Statuë de Loüis XV, pour y porter à leurs pieds l'hommage de la nation.

Pour voir une Fête si belle,
Où doit briller un couple si charmant,
On dit que la troupe immortelle
Avoit quitté le firmament.

Junon, Venus, Pallas & toutes les plus belles Déesses de l'Olimpe avoient chargé Mercure de retenir pour elles le premier étage de chaque maison ; quelques nouvelistes mêmes assurent les avoir reconnuës.

Plusieurs d'entr'elles des plus jeunes, placées sur un Char de Triomphe, semoient des fleurs sur le passage des Princesses & versoient avec leurs arosoirs celestes des eaux de senteur, qui parfumoient l'air au loin & faisoient respirer un goût d'Ambroisie. Elles eurent même l'honneur, toutes Déesses qu'elles étoient, de servir à table les Augustes petites Filles de notre Monarque ; c'étoit à la Malgrange, maison de plaisance que Sa majesté a fait bâtir à un quart de lieuë de Nancy.

Le lendemain Mesdames prirent congé du Roi & arrivérent le même jour à Plombiére.

C'est un Vilage le plus mal situé & le plus triste qui soit au monde. Il est entre deux montagnes qui lui servent, pour ainsi dire, de murailles, tant elles sont escarpées.

Les Princesses vivoient avec cette liberté douce & familiére, qui est bien plutôt l'appanage de la véritable grandeur, que cette fierté aprétée qui, sans vous rien dire, laisse tomber sur vous un regard distrait ou dédaigneux.

On craint cette fierté dont le joug éternise
Un souvenir choquant au fond de notre cœur.
    Qu'on aime à voir un Dieu qui s'humanise !
Quil nous plaît, s'il dépouille à nos yeux sa grandeur !
Dans le siécle de Rhée, au nôtre si contraire,
    Habitans du même hémisphére,
    On ne reconnoissoit les Dieux,
  Qu'aux seuls bienfaits dont ils combloient la terre.
Helas ! Depuis le tems qu'ils habitent les Cieux,
ils seroient ignorés, s'ils étoient sans tonnerre.

Mesdames avoient jugé à propos, de faire choix de l'ancienne mode, aussi le peuple s'écrioit-il en les voyant.

    O siécle d'or ! jours heureux !
    O tems qu'on a peine à croire !
ADELAIDE & VICTOIRE,
    Vous font renaitre en ces lieux.

Le Roi de Pologne est allé deux fois voir ses chéres petites filles.

Le jour qu'il leur avoit fait promettre de partir le treize, Mesdames étoient près de la fontaine. Le soufle leger du zéphir ridoit la surface de l'eau. Tout à coup une vapeur légére s'eléve. Elle se grossit, se débrouille, & prend une forme humaine ; poussées par un mouvement secret, les Princesses s'en approchent. Ce qui leur avoit paru un fantôme, alors leur parut une très-belle personne. Representez-vous une beauté Romaine. Elleavoir des traits marqués, une taille haute, un teint aussi frais qu'Hœbé, & une démarche aussi fiére que Pallas.

J'ai l'honneur d'être, leur dit elle,
En dépit de la faculté ;
La Déesse de la santé.
J'ai pour rivale une immortelle,
Qui m'a beaucoup décrédité.
Elle est dangéreuse & cruelle.
quoiqu l'on en soit entété,
On convient que je suis plus belle,
Plus raisonnable, plus fidelle.
J'ai le bon droit de mon côté,
Mais comment faire, elle est nouvelle.

„ Cette Déesse est la mode. Les plaisir
„ bruiants l'accompagnent ; ils ne peuvent pa
„ la suivre long - tems , & alors la goute
„ les vapeurs , le mal aux nerfs prennent leu
„ place.

„ Mon cortége est bien différent. Les plai-
„ sirs doux & tranquilles font toute ma cour ;
„ mais je n'ai jamais vû les regrets marcher
„ leur suite.

„ L'accommodement que la mode me pro-
„ posa quand elle fut déifiée, fut de passer le
„ nuits au bal & au jeu , & de dormir tou
„ le jour.

„ Il s'agissoit de boire des vins étrangers
„ & des liqueurs, & ce que je trouvois le plus
„ revoltant, c'étoit de prendre un cuisinie
„ Français. Je ne pus jamais y consentir.
„ Voilà le principal sujet de notre mésintelli-
„ gence, qui a formé deux partis, le mien
„ n'est pas le plus nombreux ; cependant je n'ay
„ rien à craindre , puisque vous êtes pou
„ moi. C'est pour vous témoigner ma recon-
„ noissance , que je prétends veiller plus parti-
„ culiérement sur vous & sur l'Auguste Sang

,, qui vous a fait naître. Je vous prépare à
,, tous une longue suite d'années qui couleront
,, dans le sein de la paix & du bonheur. La
,, Déesse en dit bien d'avantage, mais je ne
,, l'entendis pas. Je ne la vis pas même dis-
,, paroître.

Le jour suivant les Princesses partirent pour
Lunéville, Diane les attendoit dans un bois
qui en est à deux lieües. Elle étoit avec douze
de ses Nymphes sur un char de triomphe,
fort élégant. Elle leur fit présent de sa Chasse,
& les accompagna jusqu'au Château, en
chantant des Vers faits pour Elles.

Tous les Bourgeois ont pris les armes à leur
arrivée. Une partie étoit à cheval, l'autre partie étoit rangée en haye dans les ruës, qui
étoient illuminées, ainsi que le château.

Chaque jour est marqué par des Fêtes nou-
velles, dans les différentes Maisons de plaisance, répanduës aux environs de Lunéville.

> Faunes, Silvains & Driades abondent,
> Ils viennent de tous les cantons,
> Rendre hommage au sang des Bourbons ;
> Les écos voisins leurs répondent,
> Et nous répétent leurs chansons.

Il en est venu du fond de l'Alsace, qui ont exécuté des danses allemandes. Des Villages circonvoisins des Bergers & des Bergéres sont venus offrir des agneaux, Symbole de la candeur, présent digne de Mesdames.

Les plus jolies personnes de la Ville, habillées en Matelottes, des jeunes gens habillés en Matelots ont donné occasion à une autre Fête.

Les Princesses avoient diné dans un joli pavillon bâti à l'Italienne. Une très-belle cascade qui est au bas, lui donne son nom, elle va se perdre dans un canal fort grand, qui a d'un côté les jardins du château, & de l'autre côté des pavillons fort élégans, que Sa Majesté abandonne aux personnes de sa Cour.

C'est d'un bout de ce canal que la troupe des Matelots & des Matelottes, est allée en bâteau au son des instrumens jusqu'au pied de la cascade. Elle est arrivée en dansant au lieu où étoient les Princesses, les hommes avoient des rames à la main ; trois Matelottes ont présenté des Vers, qui faisoient allusion aux presens qu'elles offroient.

Une Pastorale du même Auteur, mise en musique
sique

fique par un Mufcien de Sa Majefté, avoit été exécutée avec applaudiffement pendant le repas.

La veille, un Garde de Sa Majefté avoit donné un feu d'artifice, que Mefdames ont vû avec plaifir.

Jeudi les Princeffes ont foupé au Pavillon Chinois, pendant qu'on exécutoit un Acte d'Opéra. Si l'Empereur de la Chine à un Pavillon auffi élégant, des Princeffes auffi accomplies, une Cour auffi brillante où il fe trouve autant d'efprit & autant de goût, que je le trouve heureux ! mais je ne crois pas la chofe poffible. Je ne crois pas non plus que l'on ait jamais donné une fête auffi belle. Il n'y avoit perfonne qui ne fût dans l'entoufiafme de l'admiration.

> Jamais l'amour, artifte induftrieux,
> Jamais Armide amante enchantéreffe,
> N'ont rien produit de plus riant aux yeux,
> De fi galant, de fi voluptueux,
> Ni qui put infpirer une fi douce yvreffe.

Tout le bofquet, qui renferme le Pavillon, étoit illuminé, le Pavillon l'étoit auffi, & c'étoit avec tant d'Art, tant de gout, tant d'élégance, que l'on peut bien dire que l'Architecte de sa Majesté qui a conduit cet ouvrage, s'est surpassé, & que l'idée qu'on s'en formera sera toujours cent fois au-dessous de la chose même.

Trois perspectives qui imitoient parfaitement la nature, étoient à un bout du Bosquet sur le théatre de gazon. Elles ont fixé l'attention de Mesdames, & Elles étoient bien dignes des regards de tous les connoisseurs. C'est un ouvrage neuf dans son Espéce. Nous en avons l'obligation au Sous-aide-Major des gardes de Sa Majesté. Derriére les perspectives étoient des lumiéres placées artiftement ; une toile toute couverte de clinquant faisoit encore sortir ces lumiéres par les differens trous qui, étoient sur la premiére toile ; ce qui produisoit un effet très-surprenant & très-agréable.

Aujourd'hui Mesdames doivent aller souper dans un des plus beaux sallons qui soit en Europe ; c'est celui de Chanteheux. L'illumination doit encore être magnifique. Elle occupera l'espace d'une demie lieuë, & c'est le même Artiste qui y donne ses soins.

On doit de nouveau illuminer le Château de Lunéville. La première fois le vent fut si violent, que les Princesses n'ont pas eû la satisfaction d'en voir tout l'effet ; c'est-à-dire, de voir un spectacle superbe, & digne d'un grand Roi.

Il faudroit une main plus habile que la mienne pour crayonner ce fameux rocher, où les eaux conduites par cent canaux produisent des effets si surprenans.

On entend un Berger qui fait raisonner sa musette, ses moutons bêlent & broutent l'herbe autour de lui.

Différens ouvriers font tout ce qui a rapport à leur profession ; enfin l'Art y fait si bien imiter la nature, que cent personnes tous les jours y sont trompées.

J'aurai l'honneur de faire jouer devant Mesdames un Drame Bourgeois, auquel je fais joindre l'Ariette suivante. C'est un Garde de Sa Majesté qui en a composé la musique.

Le genie de la Lorraine parle.

Suspends ton cours impétueux,
Astre brillant qui viens d'Eclore.
Ne fais jamais luire à nos yeux,
Le jour fatal & douloureux,
Où deux Déités que j'adore,
Doivent abandonner ces lieux.

Lorsque tu sors du sein de l'onde,
Ton feu ranime nos climats ;
Ainsi le plaisir suit leurs pas ,
Leur présence pour nous est le flambeau du monde.

Les Lorrains se croiroient trop heureux, si le Soleil pouvoit exaucer leur priére. Il n'est pas possible d'exprimer la joye qu'ils ressentent de posseder Mesdames ; mais il n'est pas possible aussi de mériter l'amour des peuples autant que ces augustes Princesses.

Plombiére nous les enléve. Elles y vont rester trois semaines, & delà , elles retournent dans des lieux dont nous envions le bonheur.

JE venois de finir le voyage de Mesdames. Déja il étoit entre les mains de l'Imprimeur quand mille pensées assassines vinrent se présenter en foule à mon esprit.

La réflexion fait naître la crainte. Il est bien singulier que les Poëtes de l'antiquité ayent fait l'Apothéose de la crainte & n'ayent pas jugé à propos de personnifier la réflexion pour en faire une Déesse. Elle eût tenu sa place dans l'Olimpe aussi bien qu'un Singe, un Crocodile & une Laituë.

Il me semble que je vois s'avancer à pas lents, son squelette sec & décharné. Il s'insinuë peu à peu, son front est ridé, son teint jaune, ses yeux enfoncés, mais pénétrans, il tient d'une main une lime sourde, de l'autre un miroir ardent. On a crû que la vuë du Bazilic étoit mortelle pour l'homme; son miroir produit un semblable effet sur l'amour propre. Celui-ci a beau se cacher dans les replis du cœur les plus secrets, son feu pénétre par tout & va lui porter le coup de la mort.

C'est dans ces momens douloureux & pourtant nécessaires, qu'un Auteur se fait ingénuement à lui-même l'aveu de ses défauts. Il les voyoit avec un telescope auparavant. Il les voit à présent tels qu'ils sont, je veux dire, dans toute leur laideur.

J'eprouvois tout ce que je viens de decrire & j'errois près des bords de l'Hyppocrene comme un homme qui cherche à se dissiper, lorsque Chapelle qui remarquoit l'agitation dans laquelle j'étois, vint m'aborder.

» Je vois ton chagrin, me dit-il, tu crains
» que ton ouvrage n'ait pas le succès que tu
» désires; tu trembles, parceque ce genre a été
» l'éceuil de tous les Auteurs qui sont venus
» après moi; mais songe que le voyage que tu
» as traité n'est pas de même nature que le
» mien. Tu devois decrire des fêtes données
» à de grandes Princesses; je n'avois qu'à laisser
» couler ma plume sans contrainte & m'aban-
» donner à mon imagination. Les uns te repro-
» cheront que tu n'es pas assez entré dans
» les détails, que beaucoup de choses deman-

„ doient à être plus circonſtanciées ; laiſſe les
„ dire. D'autres te reprocheront un excès tout
„ contraire ; réfléchis ſur ce qu'ils te diront,
„ & mets à profit les bons conſeils que tu
„ recevras. N'écris jamais que d'après ton
„ cœur, comme tu l'as fait dans cette occaſion.
„ J'ai ſuivi la route que je te trace & j'ai
„ réuſſi.

Chapelle fit plus que me donner des conſeils,
il me communiqua ſa pareſſe ; j'en ſentis tout
le prix. Je fis réflexion qu'elle l'avoit rendu
heureux ; je voulus l'être. Auſſi je ne l'eus pas
plutôt quitté, que je fis la petite Ode ſuivante.

ODE BADINE

Que de ſoins, que de travaux,
Pour qui court après la gloire !
Que d'amans, que de rivaux,
Se diſputent la Victoire.

* * *

Mais que le Triomphe eſt doux,
Quand du ſéjour du tonnerre,
On voit l'envie en courroux,
Baiſſer ſon front vers la terre.

Vous, dont les brillans écrits,
Semblent diviser la France,
Philosophes beaux Esprits,
Qu'on déchire & qu'on encense:

D'un œil sec, d'un front sérain,
Regardez la pâle envie,
Qui répand son noir venin,
Sur le cours de votre vie.

Faites vous un nom fameux;
Vivez long-tems dans l'Histoire;
Moi, je vis pour être heureux,
Le plaisir vaut bien la gloire.

Contraste insuffisant

NF Z 43-120-14

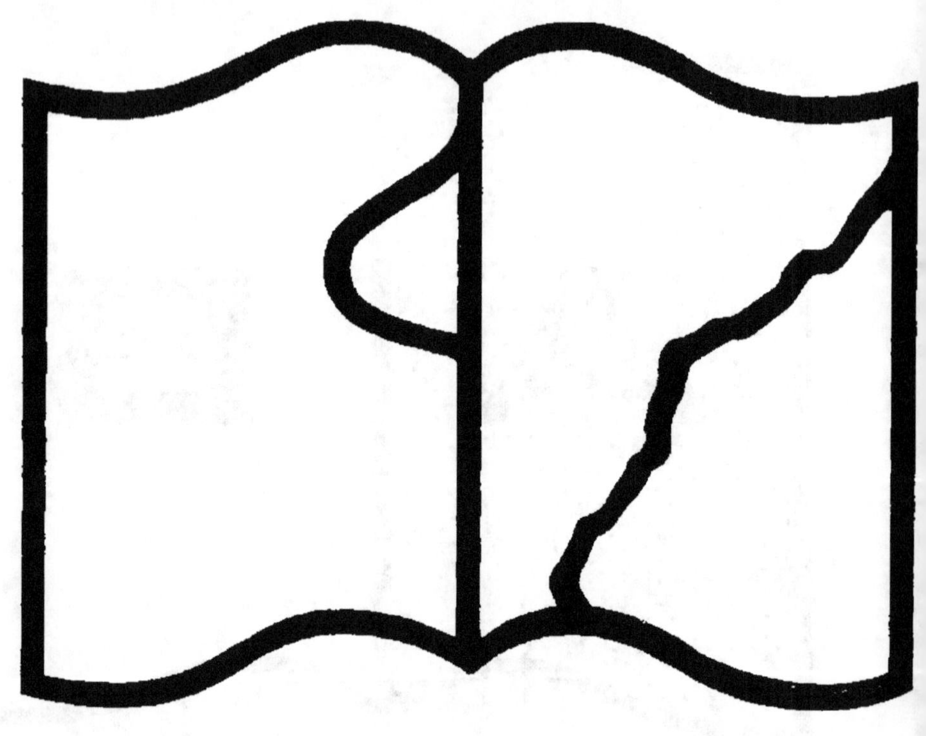

Texte détérioré — reliure défectueuse

NF Z 43-120-11

www.ingramcontent.com/pod-product-compliance
Lightning Source LLC
Chambersburg PA
CBHW061722060726
47597CB00006B/2518